적바림에도 눈물

문영길 세 번째 시집

청옥

작가의 말

십년을 훌쩍 넘긴 시인이라는 버거운 꼬리표도, 육십을 넘긴 애매한 나이도 낯설기는 매한가지이다.

詩 한 편에 머무는 감동이란 것이 어찌 그리 야박한지 늘 언저리에서 배돌아 가끔은 자폐에 갇히기도 하지만 그럼에도 빈 행간의 여백을 견디지 못하니 세 번째 시집을 위해 적바림을 뒤적거리는 모습이 한편으론 기특하기도 해서 부족함에도 선보일 용기를 내기로 했다.

무엇에 견주기보다는 나로써 비롯되어지는 대상에 대한 새로운 접근이길 바라는 마음에도 아직은 미흡하여 답습의 흔적이 엿보이지만 극복하는 과정에 충실하리란 다짐을 하는 계기로 삼는다.

자조적인 독백에도 불완전한 삶에 대한 동감의 기대를 갖는 것은 주변에서 공통의 아픔을 추스르는 분들의 아련한 눈빛 덕분이다.

거창하거나 비장하지 않게 우리로서 오늘을 딛고자 하는 노력을 읽어주시길 바라며 허물 또한 나를 투영하는 정직함이라는 고견으로 흔들림을 잡아주신 선배문인과 문우, 넉넉하지 못한 형편에도 문단생활을 응원해준 가족의 고마움이 사랑의 빚으로 남겨져 있음을 잊지 않는다.

뜻밖의 손님처럼 반겨주는 시 한 줄이라면 더할 나위 없는 기쁨으로 불면의 시간과 마주하는 걸 주저하지 않겠다는 약속 앞에서 무시로 결핍을 견딜 것이다.

10월, 맑은 날에 쓰다

차 례

제1부 일상의 시선

독거獨居 ······ 13
대변항에서 은빛을 후리다 ······ 14
그림자의 뒤를 밟다 ······ 16
상냥한 올가미 ······ 17
풍랑주의보 ······ 18
끽연喫煙 - 위험한 거래 ······ 20
아류亞流 ······ 21
익숙한 빈틈 ······ 22
거미줄 ······ 23
선술집 ······ 24
비린내를 탐하다 ······ 25
느티나무의 영역 ······ 26
적바림에 둔 눈물 ······ 27
ㅇㅇ보험 전화상담원 ······ 28
동창회 ······ 30
바람의 진영 ······ 32
술과 함께 노숙하는 까닭 ······ 33
풍선껌 ······ 34
늦더위 ······ 35
새벽별 ······ 36

제2부 생각의 여울

목마름의 바닥 ······ 39
김광석 거리에서 ······ 40
열망의 허虛 ······ 42
배달쿠폰 ······ 44
뒷골목의 아침 ······ 45
절망의 높이에서 농성하다 ······ 46
빛의 단면 ······ 48
모처럼 갑甲 ······ 49
불필요한 습관 ······ 50
보리숭어 ······ 51
우연의 확률 ······ 52
물수제비를 뜨다 ······ 53
빨래집게 ······ 54
어떤 하루 ······ 55
허용된 범위의 밖 ······ 56
하구언 단상斷想 ······ 57
내일을 압류당하다 ······ 58
낙동강 별곡 ······ 59
삼겹살을 구우며 ······ 60
결핍을 인화印畵하다 ······ 61
해우소 ······ 62

제3부 문득...그리움

망치질 …… 65

밤안개 …… 66

갈망渴望 …… 67

거울 속 민둥산 …… 68

경로당의 2월 …… 69

고향을 잃다 …… 70

꽈리 …… 71

밤배 …… 72

요양원 장미반 …… 74

뻔한 이별 …… 75

봄을 기억하다 …… 76

누구일까 …… 77

엄마의 아궁이 …… 78

방파제에서 파도를 낚다 …… 80

새벽 단상 …… 81

비애悲愛 …… 82

무인등대 …… 83

아랫목 회상 …… 84

신의 땅을 경작하다 …… 85

불면 …… 86

제4부 거울 속 자화상

모래톱에 쓰는 시 …… 89
시의 사막을 건너다 …… 90
시詩의 아비 …… 92
창작과 비평 …… 93
의미意味 …… 94
그게 뭣이라고 …… 96
어둠을 서술하다 …… 97
들꽃처럼 - 임종성 박사님을 추모하다 …… 98
손 안에 세상 …… 100
생각의 등급 …… 101
거룩한 사명 …… 102
푸른 달을 따던 아이들 …… 103
시인 Y와 막걸리의 상관관계 …… 104
신新 사평역에서 …… 105
시네마 천국 …… 106
퇴고 …… 108
선문답처럼 …… 109
엄마의 우산 …… 110
이런 젠장 …… 112
원동역 애상愛想 …… 113
시인의 밥상 …… 114

제5부 향기의 언어

꽃무릇 ······ 119
파 꽃 ······ 120
찻잔에 핀 감국甘菊 ······ 121
꽃다지 ······ 122
구절초가 애틋한 까닭 ······ 124
등나무 꽃 ······ 125
고목의 봄 ······ 126
찔레꽃으로 핀 소망 ······ 127
꽃비로 떠나다 ······ 128
목련 앞에서 문득 ······ 129
빛의 눈금을 읽다 ······ 130
수선화 답장 ······ 131
동백 ······ 132
아기똥풀꽃 ······ 133

제3회 사하 모래톱 문학상 전국 공모전 대상(운문) 심사평 · 135
한국청옥문학상 대상 심사평 ······ 136
천성문학상 대상 심사평 ······ 137

제1부

일상의 시선

독거獨居

도덕적 참견은
연민조차 남기지 않고 떠났고
서늘한 무관심에
모래알로 씹히는 외로움은
만성적 소화불량이다
무관심의 섬에 갇혀
밀물로 밀려오는 후회와
썰물로 밀려가는 세월을 응시하다
습관처럼 더듬어보는 옆자린
썰렁한 갯벌이다
기억 저편에서 수신된 노동의 시간들이
연금통장에 의문부호로 찍힐 때
폐품처럼 수거되어
쓸쓸한 좁은 방에 갇히기 위해서
초라한 등짝은
아무렇게나 구겨져야 했다.

대변항에서 은빛을 후리다

만선을 자랑하며 우쭐거리는
목선 곁에
동냥하듯 갈매기 기웃대고
아직 비린내를 못 벗은 왕멸치
바다를 누비던 기억을 털리고 있다

한입꺼리로 살아온 이력이 찬연해서
쫓기는 일상일지라도
바다에 숨을 불어넣는 건 조무래기들
은밀한 추적에 포획되어
그물을 후리는 억센 장단에
분탕질 당하던
생에 마지막 몸부림의 파편들은
떨이로 염장 되어
바다 속 모든 비밀을 실토하고서야
의식의 끈을 놓을 수 있었다

스스로 녹아내려
뼈까지 녹아내려

생의 흔적이 삭아가는 동안
몸에 배인 습관 하나가 비릿하게
비밀을 맛보는 단초가 되어
액젓 바코드에
소멸의 기록을 적시할 것이다

은빛 몸놀림이 바다에서 건져지던 날
은빛 아우성이 허공에서 비산되던 날
대변항에서
죽음도 빛날 수 있음을
목적을 충족시킬 수 있음을
어렴풋이 알았다

그림자의 뒤를 밟다

기지개로 제 키를 훌쩍 키운 자신만만한 그림자가
발걸음 곁에 바짝 붙어서 초록빛 신호등을 기다리는 동안
오늘을 살아 낼 각오는
타인의 발에 무시로 밟히는 시커먼 우울을 습관처럼 복제했다

현실의 중심에 다가갈수록
자세를 낮추어야하는 순응에 의탁한 한 뼘 그림자의 미행에
은신처라라야 제 발밑뿐인 광장에서
수직으로 꽂히는 눈부신 햇살에 표적이 되는 정오正午 즈음
힘에 부친 열등의 그림자를 숨기는데 열중해야했다

기대를 충족 못한 오후午後가 등을 보이면
과장된 위로처럼 찾아오는 땅거미
검은 거울 속에 널브러진 실제보다 훨씬 더 커 보이는 피곤함이
제 그림자도 거두지 못했다가
포장마차 불빛에서 더욱 친숙하게 만나는 실루엣

술 취해 달빛에 업혀오는 그림자를
차곡차곡 개어 피곤한 발치에 두고 나니
책임으로부터 홀가분하다

상냥한 올가미

우울한 보고서엔
그간의 초라한 행적이 이미 적혔습니다

그가 내민 카드는 잔고 부족으로 낯이 뜨겁고
다정한 표정과 달리 계산은 타협의 여지가 없습니다

다행히 아직은 갉아먹을 안쪽이 남아있어서
위신은 표면에서 간신히 웃습니다

대출창구의 벨소리에 소환되자마자
떨떠름한 조건은 그의 능력을 의심합니다

잔고가 제로에 가까워질수록 호흡이 가빠져서
제 발목에 쇠사슬을 채웁니다

내일을 저당 잡힌 그가
한도 안에서 천천히 죽어갑니다

풍랑주의보

불확실로부터 불던 바람에
흔들리던 내일
시야를 벗어나 어렴풋했지만
운에 맡기는 막연한 거래는
언제나 새로운 두근거림으로 출렁거렸다

바람이 곤두서면 통증처럼 파도가 일고
저마다의 사연들이
투쟁의 본성을 흰 이빨로 드러내면
사소한 참견에도 쫑긋한 경계심이
캄캄한 해저로부터 솟구치는 거친 숨소리에
서두르는 투망
조마조마하던 마음이 파도의 잔등에 매달려
넋두리가 반인 기대를 끌어 올리는
억센 노동덕분으로
포동포동
살쪄 돌아오는 고깃배엔
먹이를 찾아 헤매던 피곤이 묻어있다

애먼 염려를 움켜잡고
치마에 매달리는 바람에도 놀라는
어미의 마음이
날 선 바람에 베일 때마다
소금물로 씻어내던 쓰라린 기도가
익숙하기도 하련만
배가 포구에 정박하는 순간까지도
파도의 높이와는 상관없는
풍랑주의보였다

끽연喫煙

– 위험한 거래

단호한 거부에도
입맞춤 한 번에 허물어지는
어설픈 다짐
알싸한 번민의 등쌀에
아득한 현기증으로 안기는 유혹
오래전 습관으로부터
은밀한 거래를 제의 받는다

손가락 사이에서 타들어가는
자학의 이유들이
한줌의 위로와 수상한 거래로
열등의 발화점에서
우려의 시선들을 태우는 사이
내뿜는 한숨엔
중독의 변명이 모락거린다

다시 길들이려는 유혹과의
버거운 투쟁
쿨럭이는 조바심이
금연교실 주변을 쭈뼛거린다.

아류亞流

행간마다 어지러운 발자국
목격자는 없어도
낯익은 걷발림의 문체들은 은연중
누군가를 지목하고 있다

한껏 부풀린 주석에 밑줄 긋고
꾼과 -쟁이 사이를 오가며 익힌 오지랖
칡넝쿨로 복잡하게 얽혀
낯간지러운 습관을 묵인했다

문장의 표면이 매끈해지면
내용의 진위는 함구에 붙이니
자기검열에도 들키지 않은 부끄러움
시치미가 산뜻하다

짝퉁으로 한껏 멋 부리던
'붙임'은 '불임'을 선고 받는다

익숙한 빈틈

취기에 익숙해지면
빈틈들이 모두 다정해진다

초점 잃은 눈으로 읽는 흐릿한 동감
관계를 떠도는 메아리가 눅진하다

익숙한 지점에서 허무는 경계심
불쾌한 낯빛이 사뭇 정겨워
쓸모없는 넋두린 남기고
짐 안 되는 눈물보따리만 챙겨 떠났다

알코올의 함량만큼
눈물의 농도도 비례하는걸 알기에
젖은 웃음 말리는 입가
사무치던 이름 결국 흘러넘친다.

거미줄

습관을 더듬어 그물 꿰는
어둠침침한 눈
틈을 엮어 기회를 엿보며
요행으로 잘못 이해한 것들이 버둥거리길
숨죽여 기다리는 것이지

아슬아슬한 생의 경계
눈속임의 찰나가 밥을 낚아챌 때까지
가끔 기다림이 독이 될까봐
이슬방울로 업보를 씻는 주둥이

공들여 신전을 지어 바치고서야
허락되는 한 끼
한 발 내딛을 때마다 출렁거리는 허공에
생존을 위한 고단함으로
힘줄보다 더 질긴 희망을 내걸었다

포획의 진동을 감지하는
오랜 기다림이 유일한 미덕이다

선술집

엄격한 표정이 방榜으로 붙었다 "취수 불가"
끈 떨어진 두레박이
목마름을 씻던 청량한 어제의 행방을 묻는다
젖이 남아돌던 가슴이 말라붙고
입안에 돋는 가시덤불, 막연함조차 씹을 수 없다
낙타를 이끌고 오던 대상隊商의 발길이 끊긴
황무지의 입구엔 오아시스를 분양한다는
조악한 발림만 난무했다
신기루의 루머에 위험을 감수하며
마지막 영토를 저당 잡혔고
우물은 버석거리는 한숨으로 깡통처럼 찌그러졌다
사소한 것까지 깡그리 털어 보이며
빈손임을 증명한 허기진 마음이
'땡그랑' 하현달 떨어지는 소리를 '첨벙'이라고 읽는다
들마*에 들어선 사막 건너온 바람결
묻어있는 물의 냄새로
내일을 기약하는 습관 속에 부유하는
왁자지껄한 웃음소리가 목마름을 적신다.

* 들마: 가게의 문을 닫을 무렵

비린내를 탐하다

파시波市를 이루던 때 어제 같은데
황폐한 어장에서
헛손질로 어루만지던 물결
별빛마저 수장시키고
습관 더듬어 돌아오는 고깃배는
빈 그물이 더 무겁다

허탕에 익숙해지는 것이
더 서러워
빈 술병 머리에 괴고 군드러지면
어창에 기웃대는 잠꼬대가
비린내 그리워
꿈속에서 다시 투망질이다

느티나무의 영역

그늘을 지키는 초록평상에서
뙤약볕의 동태를 살피며
틈틈이 햇귀의 보푸라기를 꼬아
그림자가 누울 멍석을 짜기도 했다

그의 세상이 울창해지면
나른한 바람은 낮잠을 부채질하며
하품으로 늘어졌다가
가끔 구멍 뚫린 천정에서 떨어지는
낙수에 놀라기도 했다

운 좋은 날엔
막걸리와 담배도 더러 얻어 피우며
근심 없이 노닥거릴 땐
그의 눈밖엔 난 것들은 모두 풀죽어
한정된 영역을 기웃거렸다

땀 젖었던 등짝에 달라붙었던
애절한 울음의 기립
쓰름매미가 난민처럼 찾아와도
느티나무만큼은 여름이 만만하다.

적바림*에 둔 눈물

자투리의 생각들
문장 하나 완성시키지 못하고
옹색하게 몸을 구긴 채
빈 행간마다 예제없이 기웃거렸다

아무렇게 던져둔 느낌들이
출구를 더듬다가
만져지는 말캉한 그리움과
무심결에 찔리는 뾰족한 돌기에
내색하지 못하는 설운 사연들로 인해
여백이 축축해진다

질척거리는 그리움
후회 가득한 사랑의 복잡한 서술
찰나에 빗댄 설익은 감정
더부살이 얼치기로 뭉그적거리는
적바림이다

* 적바림: 나중에 참고하기 위해 글로 간단하게 적어 둠

ㅇㅇ보험 전화상담원

거미줄처럼 막연한 기대에 찐득하게 매달려
위험을 예비한다며 불확실한 예측을 설득하고 있다

은연중 찔러보는 심사에 귀찮은 목소리가 낯익고
야멸스런 대꾸에도 끄떡없던 굳은살 박인 자존심이
목표량 앞에서 주눅 든다

불안과 불투명한 미래를 고객의 몫인 양 둘러대고
앵무새처럼 읊조리는 보험설명
후렴처럼 똑같은 음절은 으레 전주前奏에서 분질러지고
수화기에서 쏟아진 짜증만 수북하다

무차별로 뿌려진 안내문자의 안부는 대수롭지 않아도
화풀이의 목소리로 돌아오면 마음 한구석이 베인다

능력의 높이만큼 키 재기 하는 성과그래프를 볼 때마다
까닭 없는 공포에 시달리지만
이미 침투작전은 치열하게 전개되고
상황판에 기록되는 거룩한 좌절, 위대한 승리

빗발치는 유탄 속에서 존엄은 널브러져도
목적을 위해 매일 부활하는 불사조의 신념!
상륙정에 몸을 싣고 어디인지도 모르는
삶의 전장에 내쳐지면
여기저기 주기도문이 나뒹군다

우리에게 일용할 양식을 주옵시고...

동창회

깜냥 안 되는 열등을 목 넘기면
맨송맨송한 시간은 빠르게 알코올로 흡수되고
원산지를 세탁한 고등어구이에선
텁텁한 이력이 발견되기도 한다지?

유효기간을 훌쩍 넘긴 왕년이 불쑥불쑥 끼어들어
차츰 과거가 판치는 술좌석
아무도 모르게 손톱 밑에서 열등의 가시가 자라기도 하지

동아전과에서 외었던 정답이 아무런 쓸모없는 세상에선
모범생의 순위를
모범택시를 '모느냐'와 '타느냐'로 정하기도 한다지?

코흘리개 아이들이 소주를 홀짝거리다가
별거 아닌 듯 큰고래를 타고 온 아이
가장 큰 목소리로 위하여-를 외칠 때마다
공평하지 않은 세상을 향해 주먹감자를 몰래 먹이기도 하지

그러는 사이 과거는 화장실 가는 척 꽁무니를 빼고
주도하는 위풍당당한 현재의 무용담에
70%가 질투인 박수를 보내고는
보여주고 싶었던 서로가 다른 시간 속에서
잘났던 만큼 취해서 휘청휘청 자기에게로 돌아가는 거지

이제 곧 외상으로 달아둔 사랑의 잔소리가 마중 나올 시간
이야
안심해도 돼!

바람의 진영

새가 나무의 창문을 열 때마다
맞은편 창을 열어야하는걸 깨우치는 바람
새들이 날아온 반대쪽을 기억하려 버둥거렸다

날개깃에 새겨진 바람의 비문에는
앞장 선 이의 당부와
우러러 보이려는 것에 대한 경고도 첨부되었다

우듬지에 나부끼는 구호가 선연하여
충동적으로 합류하고
선동하는 박수에 반응하는 무리의 중심에서
더욱 극성스럽게 흔드는 깃발

동요가 잦아들면 시침 떼는 부역의 이력
헝클어진 매무새를 정돈하고 나니
바람의 행적이 묘연하다

오른쪽이었는지
왼쪽이었는지

술과 함께 노숙하는 까닭

모멸의 눈초리쯤은 안중에 없어
소주병의 모가지를 비트니
오래 참았던 눈물이 콸콸 쏟아졌다

애정결핍인 강아지처럼 눈물 핥으며
서러움에 취해
한심한 처지를 주절거리다가
시큰둥한 연민이라도 부여잡고서
고픈 넋두리라도 토해야 했다

말라비틀어진 희망을 질겅거리면서
아무 곳에나 드러눕는 몰염치가
유일한 세상에 대한 대거리
꾀죄죄함이 더해질수록 더 명료해지는
규범으로부터 자유스러운 울분
맨 정신으로 으르렁대기에는 겨워서
취해 쭉정이의 삶을 우물거렸다

세상이 관심 밖에서
바쁜 걸음으로 멀어져 가는 걸 보며
빈 술병으로 빈둥거렸다

풍선껌

그럴듯한 풍선 하나 띄우지 못하고
딱딱하게 굳어가는 표정
그의 기억은 하분하분 씹히다 죽어갔다

달콤하던 느낌이 으깨어져
어금니에 씹히는
지루한 반복의 권태
성의 없는 절구질이 시뜻하다

애써 부풀려보지만
이내 풀 죽어버리는 기대
습관처럼 질겅질겅 씹히던 체념
바닥이 얼룩진다

늦더위

뜨거워야 여름이라던
낭만적 표현
이젠
넋 나간 주저리가 된 일상

열댓 번쯤
더워서 죽겠다는
신소리를 해야 지나가는
하루 속에서
곧 가을일거라던
초록빛 풋사과의 혼잣말

한 뼘 쪽방조차
달래주지 못하는 선풍기 바람
밤새 투덜투덜
가난이 펄펄 끓는다.

새벽별

머리맡
자리끼의 그리움은
목마름엔 턱없고
뒤척임은 먼동을 채근하는데
새벽종소리
새삼
가슴에 차갑게 닿아서
여윈잠 깨우면
어제는 숙제로 남아
명쾌한 해답을 유예하겠지만
여지를 남긴 기대로
가장 늦게까지 켜두는 소망

오늘이 찬연하기를 당부하는
새벽별빛 선연하다

제2부

생각의 여울

목마름의 바닥

눈물샘보다 얕아진 둠벙
푸석한 밭뙈기조차 적셔주지 못한 하늘에
멍청한 기도만 바치다가
팩팩 쓰러지는 고추모종을 보며
양수기 호스를 꽂는다

자식농사만 풍년인 가난한 집 아이
마른 젖에 매달리듯
여름 찬거리가 되 줄 것들 줄줄이
둠벙 쪽으로 잎을 누이고
엔간해서는 제멋대로 크는 개망초도
들피진 안색으로
연신 말라버린 농수로를 기웃거렸다

살아간다는 건
늘
목마름과의 대치이다

김광석 거리에서

그가 이승에 벗어둔 신발을 신고
불편한 소문을 따라가다 만난
사랑에 굶주린 목소리로 암시했던 이별
우리의 밥그릇이었던 그를
누군가 전리품으로 챙겨간 후엔
못다 부른 인생의 노래는 신파조가 되어
앵무새의 입에 물렸다

어눌함으로
목 터지도록 삶을 노래했지만
정작, 쓸쓸한 눈빛에 담긴 사랑의 허무로
북새통 거리에서
분질러진 생의 나머지로 불려나와
어깨동무로 사진도 찍으며
뒹구는 전단지처럼 흔하게 웃고 다녔다

길거리 가수의 밥그릇이 되어
죽어라 불러대는
닳고 닳아 후렴만 남은 노래

우울한 연민으로 애써 흥얼거려 봐도
자꾸 마주치는 미안한 눈빛
회상의 오류에 머쓱해진 그가
자꾸 발을 헛딛는다.

열망의 허虛

그가 내 외로움을 더듬는 동안
잠시 황홀해져
환상이 부푸는 걸 보며
추상적인 욕망을 풀무질하여
벌겋게 달궜다

격정의 통과의례는 기분에 따라
가끔 형식적이어서
이내 잦아들
불규칙한 호흡과 추궁의 몰입은
소나기와 비슷하다

관심과 관음은 혼동되어
더 많은 것들을 요구하는 부분에서는
잠시 서로 뜻이 통했다가
급하게 뒷문으로 빠져나가는 그림자
추스르지 못한 허무가
텅 빈 광장을 가로질러 떠났다

예언과 사랑은
애매할수록 각광을 받기에
난분분한 의미만 퍼즐로 남겼다.

배달쿠폰

배달쿠폰 10개 모으기도 전에
통닭집이 문을 닫았다
얼굴에 근심스런 표정이 억지웃음보다 많아지더니
기어코는 침울하게 써 붙인 점포임대
"그동안 이용해주셔서 감사합니다."가
마지막 치레로 쓰였다.

마지막 1장을 채우지 못한 아쉬움
제 살을 발라내는 경쟁에서 떠밀려난
치킨집 사장의 실패는
9개 모은 배달쿠폰 때문에
나의 실망과도 연계되어 우울하다

6장 모은 피자집 배달구폰
언제 나머지 4장을 채울지 모르기에
가게가 오래 버티길 진심으로 응원하는 건
동지의식 때문일까
공짜 피자 한 판이 주는 유혹 때문일까

뒷골목의 아침

지린내 나는 뒷골목
군드러진 노숙인의 남루한 행색에서
두려운 내일의 낯빛을 보며
세상에 대항할거라곤 분노와 체념 밖에 없는
지저분한 능멸

으슥한 모퉁이
몰래 쌓이는 검은 비닐봉투엔
천박한 눈치가 쓰레기로 눌려 담겨
들키지 않는 짜릿함을 봉인한다.

고상한 우월로 찡그린 이마에서
서늘한 경멸이 우아하게 스칠 때마다
익명의 비웃음이 빈 소주병으로 뒹굴다가
백 원짜리로 환산되어 수집된다.

절망의 높이에서 농성하다

눈동자에 별빛 수심愁心으로 흔들리는 날
눈물조차 말라
서늘한 눈빛을 풍장風葬시키는 그곳
박제된 표정에선
중력의 고소공포를 읽어낼 수가 없다

상승기류에 맡기던 날개마저
추락의 무게로 남고
의미심상한 수평과 수직의 교차점에서
충돌하는 위험한 분노
스파크가 튄다.

쓰라린 눈물을 쌓는 바벨탑
무모한 기대가 퇴적된 절망의 높이에서
두려움의 밑바닥까지는
눈 깜빡할 사이
본능으로부터 감지한 경고가 섬뜩하다

그럼에도 눈에 잘 띄는 곳에서
학습된 불공평을 세상에 알리기 위해
기어오르는 절망의 높이
불편한 진실은 안중에 없는 뭇시선
제 발끝만 바라본다.

빛의 단면

예리한 각도를 숨긴 반짝임이
부주의를 틈타
맨발의 방심을 베었다

미간에서 번지는 동요
빛에 단면에 찔려 파리한
무의식의 찰라
불운을 탓하기엔 시망스러운 우연에
흥건히 젖는 불가항력이다

삶의 한 조각
난만히 투영하는 애증의 단면에
찬연한 생채기들
빛의 이면엔
난데없는 날카로움이 감춰져 있다

모처럼 갑甲

해물탕 앞에 놓고
술 한 잔 권하며 보글거리는 눈빛
'부라보' 를 외쳐대며
아차- 하는 순간에도 당겨 앉는 오늘이
떠도는 말들을 꺼내놓는 만만한 질타에
내일이 무춤하다

혀 꼬부라지는 횡설수설이
새우처럼 빨갛게 익고
바다를 훑던 조개의 속살에서
감칠맛 우러나니
허세가 다분히 출렁거린다

여분의 희망과 버무려 볶아먹는
포만의 성찬
빈껍데기 수북해도
내 알 바 아닌 진구덥
대접받는 기분이 제법 우쭐하다

불필요한 습관

불공평한 오늘이
불안한 내일이
불만족의 하소연이
불평등한 대가가
불을 댕겨
불안정한 마음을 태우면
불쾌한 연기 가득해
불 보듯 뻔했던 핀잔만이
불러오던 자괴감

스스로 허물어진 나락에서
흔적을 지워
직립의 뼈가 사그라지고
빈 담뱃갑엔
섬뜩한 경고만 남았다

보리숭어

오롯이 네게 갈수 있을까
간절함 앞세워
팽팽하게 긴장한 제비꼬리로
소용돌이치는 여울을 건널 수 있을지
청보리 쭈뼛거리는 언덕에서
너의 잠행을 탐문한다

사랑에 눈멀었던 방랑 끝에서
희미한 기억 더듬어
파르르
아득함을 통과하는 살 떨리는 순간
마침내 궁극의 물살 갈라
유선의 몸통에 새긴 민감한 기억을
순순히 털어놓을 것이다

우연의 확률

바스락거리는 쪽문 뛰쳐나가
다람쥐 입주머니 볼록하도록 담기는
도토리들의 유언
표식 없는 나무둥치에 묻어둔 잉여剩餘가
내일을 품는다

한 톨에 저장된 확률의 운명
느린 생장점에 우북수북 쌓이는 햇살
모두 우연으로부터 비롯되었다

단단한 껍질에서 뿌리가 내리고
야생의 모진 시련을 이겨
수북한 결실의 무게를 견디는 둥치에
우연의 연대기를 빼곡히 기록할 것이다

물수제비를 뜨다

재치 있게 물 위를 박차는 날렵함
이내 자취를 감출 부력을 사뿐 디뎠다가
튕겨지는 수면의 반사각
아슬아슬 몇 걸음 겅중거리다가
가라앉기 전까진
소금쟁이의 신발이었다

중심을 확장시키는 파문波紋
막연함의 간격은 더 불분명하게 멀어지고
한 번도 성공하지 못하는 팔매질로
운명의 항력을 시험한다면
물메아리로
찰나를 슬쩍 건너가게 내버려둘 일이다

가다가 힘에 부치는 한계까지가 영역
거기까지가 길
기회에 편승한 가벼운 희롱으로
생의 넓이와 깊이를 확인하지 않아도 된다

빨래집게

기특함이 대롱거려
희망의 끈에 주룩 걸린 A
후줄근한 삶을 세탁해 뽀송하게 걸어놓은
아들의 학점
장학금도 따뜻한 햇살로 찾아왔었지

느닷없는 소낙비에
뿌듯했던 만족이 황당하게 젖고
자퇴한 아들은 화려한 비행을 꿈꾸며
독서실에 고치가 되어 갇혔지

기다려주는 것이
유일한 바지랑대가 되었고
빨래집게만이 덩그러니 A, AA, AA, A

소원에 매달린 불안한 기대
그럼에도 아들은
내 인생의 A학점으로 자랑인 건 확실하지

어떤 하루

물 한 모금 아껴가며
건조한 꿈을 횡단하는 취업 준비생은
낙타의 발걸음을 모방한다

식사 한 끼로
배부른 척 하루를 건너는 노숙인은
교회에서 주는 오백 원이 덤이다

손님 오기만 바라며
기다림으로 버티는 자영업자는
보증금이 유일한 식량이다

시시해 보이는 높이에서
하찮은 우월로 거들먹거리던 시인은
흡족하게 제 심장을 파먹었다

국민의 이름 도둑질해
서로를 헐뜯던 정치인은
보이지 않는 곳에선 한통속이다

허용된 범위의 밖

우울한 반복에 목줄을 매고
한결같은 맴돌기
반경 3미터에 반들반들 길을 내다가
현기증으로 자유의 한계를 깨우는 막간에
인기척이 반가워
꼬리만 안녕 쪽으로 흔드는 잡견이
일주일에 두어 번 오는 주인을 기다리며
홀로 감당하는 외로움

변두리 별장에 문지기가 되어서
곱씹는 빈집의 쓸쓸함
고작 열댓 걸음뿐인 공전 궤도
애초 내게 허용된 갈망의 한계점에서
목줄로 고정된 범위 바깥쪽
그리움을 향해
왈왈 짖다

하구언 단상斷想

바람이 등 기대기에도 초라한 초막의 앙상한 뼈대
식솔 위한 날갯짓 나붓이 내려놓고
욕심을 소각하는 행위로 깃드는 노을
잠시 겸손한 기도에 머물러 거룩한 평안에 든다

제 상처를 핥느라 노상 뒤척이는 잔물결엔
강변에 우뚝 선 아파트의 관절마다 불 켜둔 통증이
밤새 어른거린다

낙동강 시커멓게 곯은 속내야 알 수 없지만
어정쩡히 을숙도 품어 안고
설렁설렁 갯바람 다녀가며 남긴 허무를 어르며
잠 못 드는 이유를 요약하고 있다

내일을 압류당하다

한숨의 폐허를 부수고 있다
설레는 기대로 지었을 꿈의 궁전
장밋빛 환상조차 압류당한 불안한 눈빛에
무거운 채무의 공포가 서려
가위눌리는 통증이 전이된 골목길엔
상실에 익숙한 조악한 간판이 괭이눈으로
붙잡지 못하는 발걸음만 지켜볼 뿐이다
적자 매출이 수인번호처럼 찍히고
상실에 내몰려 쓰는 항소장
세상을 향한 어떤 몸부림을 기록하여
불면의 징벌을 자청할까
어디선가
누군가의 확신에 찬 발걸음
그의 미래보고서가 자못 궁금하다

낙동강 별곡

신장이 좋지 않아 통통 부운 종아리로 서있는 물금취수장
기차가 출렁출렁 끼고 돕니다

때마침 매화꽃잎도 잔물결에 엎어졌다가 자맥질하고
왠지 우울한 물고기는 지느러미를 잃고 뻘 속에 숨었습니다

직선을 고집했던 조바심은
억지로 낙동강의 굽은 허리를 펴 허풍의 올곧음을 세뇌키다가
슬그머니 꽁무니를 감추고
버려진 준설선은 익사직전의 숨을 몰아쉬며 꼼짝도 못합니다

물새들은 초록빛 점액에 날개 젖을까봐 조금 높게 날며
어디론가 이주를 궁리하고
바다를 눈앞에 두고도 찔끔거리는 답답함에
낙동강변의 유려했던 기억은 흐릿합니다

방류를 꿈꾸는 치이들이
해질녘 불타는 하구언에서 펄쩍펄쩍 튑니다.

삼겹살을 구우며

삼 겹에 축적된 비만의 과거
허기를 재촉하며 지글거리는 기름기
환생을 꿈꾸듯 불꽃이 일고
한입거리의 위로가 노릇하게 익어
굶주림을 구원한다.

건성건성 씹어 넘기는
사육되어진 이력이 자못 친숙하여
소주 한잔으로
해체된 설움의 부위마다 다른
통증을 희석시킨다.

날것의 아픔이
잘 전도되는 포만의 기억을 더듬으며
수시로 뒤집히던 하찮은 생
혹은 지나치게 뜨거워
불판 언저리로 밀려났다

결핍을 인화印畵하다

인기척이 끊긴 가게
텔레비전에서는 자영업이 최악의 불황이라고 와글대고
체념하지 않는 것은 시詩만이 유일하다
마른버짐처럼 컴퓨터 모니터에 피어나는 만족
자판을 두들겨 각혈하듯 쏟아 낸 단어들로
행간마다 거북한 은유가 낭자하다
배부르지 않는 시어를 붙들고 앉아 하릴없는 기대로
주린 배를 채우지만
열등의 옷깃은 늘 구겨져 초라함이 반질거리고
사냥꺼리라야 뼈만 앙상한 허상들
무력감도 베지 못하는 녹슨 칼날에선 혈흔을 찾을 수 없다
어둠에 비례하는 불안감의 싸구려 분내가 진동하면
서서히 번져오는 질식의 공포
사금파리처럼 빛나는 웃음 짓는 비상구를 나서면
눈 부셔 눈 멀 것 같아
간절한 표정은 잿빛으로 중화되었다
내일을 보는 눈이 퇴화해
웅크린 어깻죽지에 박쥐의 날개가 돋길 기다리며
흰 지팡이로 더듬더듬 길을 찾는다

해우소

거룩한 행보였다
가진 것 다 내어준 소멸의 의식
비장하고 엄숙한 고행의 마지막 관문에서
해탈을 꿈꾼다.

결사적이기까지 한 안간힘에
민망한 통증만 피었다 지길 여러 번
화석처럼 굳어버린 식탐이
괄약근과 신경전이다.

처절한 자신과의 사투
드디어 세상 열리는 해방의 순간
근심의 징표들이 뛰쳐나와 부르짖는 환희
나팔꽃이 활짝 피었다.

버린다는 것이
얼마나 숭고한 일인지를
변비와 씨름했던
해우소에서 새삼 깨우친다.

제3부

문득…그리움

망치질

비껴 맞은 망치머리 끝에서
모란이 꽃 피었다

섣부른 실수로
늘 잔소리에 못 박히던 아들은
사랑이었을
못마땅했던 참견이 그리워
서툰 망치질에 제 손등을 찧으며
한 치도 못되는 후회
눈물로 쾅쾅 박아
어머니의 영정을 걸었다

밤안개

어둠이 미립의 그물 드리운
비밀스런 순간에
욕망의 천박스러움을 감춘
가늠할 수 없는 신비로
다가서는 포근함
가벼운 입맞춤이 정겹다

불투명의 혼란 속에서
마지막 기억까지 챙겨 떠나는
흐릿한 슬픔은
어쩌면 더 절실하게
내일과의 거래를 위한 잔영
아득한 눈빛 그윽하다

어둠 속
점멸의 불빛은 남아
허둥허둥 짐작으로 뒤따르던
축축한 어깨에
다정한 손 하나 얹어진다면
마냥 걸어도 좋겠다.

갈망渴望

까치발로 넘겨다보며
지척의 쓸쓸함과
먼 만족의 사이를 오가던
서툰 사랑으로
마냥 바라만 보던 뒷모습
그립게 만날 수 있기를 소원했다

불면의 시간 속에서
웃자란 열망으로 맴돌다가
숙명의 뒤안길에서
우연으로라도 마주쳤으면 하던
불시울의 사랑
찰나에라도 부둥켜안길 소원했다

거울 속 민둥산

머리 감을 때마다 솔가리로 뒹구는 머리카락
유전자의 우울한 내력과
두피를 척박하게 놔 둔 무관심

메숲졌던 머리 민둥산 되가니
닮은꼴의 아버지가
민머리로 거울 속에서 겸연쩍게 웃고 계신다

새치마저 아까워 애지중지하지만
황무지의 정수리를 비껴 앉은 난처함이
남은 머리카락을 잿빛으로 물들인다.

경로당의 2월

속마음 보이지 않게 붉은 커튼을 치고 꾀꼬리 한 마리 화투장에 갇혀 울면 매화는 2월에 피지.
긴장하는 눈빛이 파르르, 은근한 눈치는 궁따는 속셈을 엿보기도 하지.
팔월의 달은 기분에 따라 손바닥에서 뜨고 기러기는 황혼녘을 날아가고
늘그막, 빗속에 우산 쓰고 온 손님이 데리고 온 개구리는 아득한 연애를 꿈꾸지.
설사한 걸 치우는 거룩한 행위를 속으로 질투하면서 뒤집어봐야 아는 재수는 확률보다 감에 매달리지.
지루한 시간은 자꾸 시비꺼리를 만들어 치매가 멀찌감치 물러나 있게 하고
본전생각은 살아가게 하는 힘이 되기도 하지.
10원짜리 동전의 무게는 자존감의 무게와 동일해서 패가 잘 붙는 날은 관절염도 잊고 4월의 두견새처럼 날지.
순간순간 비장한 결의로 허무한 세월을 두들겨 패며
그렇게 2월의 경로당은 매화가 피어나곤 하지

고향을 잃다

엄마가 퇴계원 집을 떠났다

칡넝쿨처럼 엉겨 살았던 과거를 불사르고
한줌 그리움으로 밀봉되어 하늘공원으로 옮겨졌다

나의 철부지 시절도
뒤적거려봐야 부끄럽기만 한 기억들도
도망치듯 경부선 무궁화호에 몸 실었던 방황도
연중행사로 치르던 고향방문의 의무감도
갈등과 애증의 불편한 채무도 함께 소각되어
그리움의 영역으로 옮겨갔다

어쩌다 찾아와도 반겨주던 편한 잠자리였는데
그리움 뒤밟아 와도 누울 곳 없겠지

뿌리 뽑혀지는 상실감에 눈시울 뜨겁다

꽈리

입 안에서
잘근잘근
생각날 때마다
곱씹어
삼키지 못하는 이름을
되뇌면
보고 싶다고
그립다고
같이 놀자고
꽈륵꽈륵

밤배

별을 나침 삼아
푸른 잔등에 새긴 길을 읽으며
가야할 곳을 정할 때
결국은
어둠이 되는 빛의 끝에서
고독을 길들이려는 자의 시간은
무의미하다

검푸른 파장 너울거려
보이지 않는 것이
멀리서 상상을 키울 때도
울림을 고스란히 전하는 가슴에서
물보라로 부서지는 고독과
밀쳐내도 이내 되돌아와 물컹거리는
어두운 욕망들이
지름길은 항로 밖에 있다고 속살거렸다

흐느낌의 정중앙을 건너야 하는
외로운 행보

칠흑의 낯빛에 불 밝힌 기대로
충혈 된 눈에
곧
희붐히 약속의 시간이 뜰 것이다.

요양원 장미반

요양원 장미반에 침대 4개
출렁임조차 잠재운 섬처럼 고요하다

얼기설기한 의식의 틈바구니에
대상을 지목하지 못하는 서운함만이
메마른 살갗에 부스럭대고
떠먹여주는 컴컴한 미래를 삼키기 버거워
급격하게 허물어진 자존심의 틈새를
졸린 하품으로 들락거리며
고양이처럼 핥는 눈물
직립을 포기한 굽은 척추가
느린 시간 앞에서 더욱 공손해 졌다

가물가물한 기억이
존엄을 발라내는 시간 너머에서
앙상한 육신엔
마지막 안간힘으로 저승꽃 활짝 폈다

뻔한 이별

뜬금없는 넋두리와 애증이 소주잔에서 출렁거리며
뻔한 유행가의 후렴구가 아픔을 부추겨
마치 세상과 이별할 듯 과장된 슬픔이 흥건했다
서러운 것에만 반응하는 기억회로에 알코올함량이 축적되면
제풀에 자꾸 엎어지는 과거가
핏빛 울음을 깨물며 한사코 부정의 손사래를 쳤다
횡설수설하던 목적어가 바닥에 뒹굴고
주정을 인내하던 친구의 얼굴에서 난처함이 빨갛게 익어갈
때쯤
잠시 황홀했던 순정은 구겨져 널브러졌다
귀찮다는 눈치로 진부한 이야기에 이력이 난 경험들이
얼룩의 기억을 트림하고 있다
첫 이별은 이래야 한다
세상의 눈치 따위는 안중에 없이
실컷 울고 암전된 의식 속에 나뒹군 후에야
아프게 보내주는 게 예의다

봄을 기억하다

시린 새벽을 헤엄치며 되새김하는
어미의 따뜻한 자궁
마른 탯줄 하염없이 되감아 보니
겨우 한 움큼 보프라기 사랑
경부선 철길을 베개 삼던 그리움이
요양원 창문에 매달려
겨운 눈물 고드름으로 자라는 동안
겨울은 더 서러워졌다
어미의 바짝 마른 젖을 빨아
다시 봄이고 싶은
아들의 메마른 입술에서
설렘이 안타깝다
치매에 걸려 길 잃은 어미의 봄이
겨울을 떠돌고
찾아 헤매는 아들은 맨발이 시리다

누구일까

꽃 핀다고
봄이래

그럼
마음에 핀
이 꽃은
누구의 봄을 위해서
피었을까?

잠든 시간을 깨운
향기롭고
따뜻한 눈빛,
너일까?

엄마의 아궁이

컴컴한 동굴에 불을 밝힐 때마다
어둡고 암울했던 푸념들
화들짝, 제 몸을 먼저 태웠다

검댕이 한숨이 자라는
어둠의 미로에서
억척스러운 세상살이가
순한 제 눈을 찔러대기도 하지만
뚝뚝 부러지는 소원의 끝에서
간절함이 발화되었다

희나리의 걱정
몽당부지깽이로 뒤적거리며
숨겨 말린 눈물자국
삭정이로 널린 겨를 없던 날들과
고난의 흔적을 소각했다

연기로 멀어져간 불꽃같은 날들이
재로 남긴 그리움 한줌

꿈속에서나마 어머니 곁에 쭈그린
유년의 기억은
마냥 행복하기만 하다

방파제에서 파도를 낚다

어깨울음 멈추지 않는 방파제에서
불안한 어둠속
막 건져놓은 별빛이라도 벗하여
외로운 눈물 나눠 마신다면
소금기에 절은 흐느낌
오래 곱씹어도 괜찮겠다

길들여지길 거부하는 몸짓에
몰입하는 순간만이 불문율로 새겨져
심연으로 가라앉는 외곬의 바람
떠돌이의 가물거리는 눈빛 정처 없어
직감의 떨림에 집중하다가
헛손질에 익숙해지는 반복이다

슬픈 동화를 읽어주는 바다에서
별빛, 미끼가 되어 스스로 낚이는 밤

새벽 단상

새벽 세시에 혼자 마시는 술
뾰족한 가시를 품고 있다는 걸 알면서도
통증 끝에 도사린 연민에 기대
시든 꽃 한 송이 껴안고 우는 밤

허와 실을 분리하는 예단으로
분별의 가면 쓰고
버려야하는 진심을 베는 순간마다
흥건하던 피

눈물 없는 듯 웃음만 그려 넣는 매일이
당연시하는 가엾은 허상虛想
상처뿐인 연민 보듬어 청하는 잠
잠꼬대로 불러보는 이름 있기나 할까?

비애悲愛

신기루 같은 꿈을 꾼 후에
유치한 그리움에 들어 어설픈 기억을 지우노니
영원을 다짐하던 약속
눈물 가장자리에 무지개로 떴다 사라지고
순수를 유린한 순간의 바램
깊은 고독 속으로 유배되어 방치됐으니
치유할 수 없는 황홀한 아픔의 밑바닥에서
솔직한 부름과 마주치면 어찌하려오?

후회와 맞바꾸는 무모한 용기도
비워버린 술병의 마법이 풀리는 순간
또 다시 헤프고 착한 미소로 온순할 텐데
눈빛뿐인 뜨거운 고백을 어찌할 거며
급하게 삼킨 사연의 되새김에
낯익은 절망 속
슬픈 넋두리는 어찌할꼬?

무인등대

일몰의 시간 알려주지 않아도
감은 눈 뜨면
밤이다
바다의 어귀에서
단순하게 점멸되는 눈빛
초행의 바다에서
깜깜한 길을 열고 있다

지독한 외로움에 부대끼다가
더듬어보는
가늠되지 않아서 더 궁금한
바람의 행로
별빛도 함께 깜빡인다.

아랫목 회상

아버지의 어깨로 받친 방구들을
엄마가 수시로 덥혔다

쟁여놓은 근심 휘뚜루 불사르면
삭정이 붉은 혓바닥에 놀라
가난이 반질거리던 솥뚜껑 사이로 넘치던
뜨거운 거품 문 만족
식구들 밥사발의 허리가 불룩해졌다

아랫목에 모여
이불 속에서 장난치는 발씨름
발 열 두개 오밀조밀하다

신의 땅을 경작하다

꾸부렁길 이마에
하늘에 닿길 바라는 기도가 심겨진다

층층이
골 깊은 노동의 흔적
쟁기를 걸 맨 앙상한 어깨뼈에서
고단함이 삐걱거린다

발목에 엉겨 붙던 찐득한 가난
워낭소리가 앞서 걷는
하늘의 길
소처럼 순한 걸음으로
능력 밖에 있는 간절함을 찾아서
삶의 뿌리를 앙구고
하늘의 뜻을 모종하였다

다랑이논 부근엔 은혜로움을 담아둘
저수지가 없어
젖은 기도만 둘뿐이다

불면

허상을 투사하는 암막
근심으로 잠 못 이룬 날들이 어리고
기대로 설레다가
두서없는 사연이 난해하여
심드렁히 쏟아지는 질문이기도 했다

빈 원고지에 봉인되어져
열려야 하는, 그래서
가난도 잊고 문 열어두는 막연함

억지로 등 떠밀어 보낸 근심
슬금슬금 다가와
새벽바람에 부스럭거릴 것이다.

제4부

거울 속 자화상

모래톱에 쓰는 시

동요하던 순간들이
물결무늬로 새겨졌다

상형문자에 갇힌 의미를
옮겨 적으며
낙서의 자유분방함으로
마음껏 상상하기를 소원하면서
생소한 것을 찾아
수평의 눈금에서 떠돌던 기억들이
다대포 해안으로
피곤한 발 씻으러 올 때까지는
완성해야 하는 시詩

떠밀려온 은유가
모래톱에 비밀의 내력을
손금처럼 새겼다
아스라한 샛강 어디쯤의
해맑던 재잘거림도

시의 사막을 건너다

마지막 한 방울의 눈물조차 핥으며 놀던
버려진 자음과 모음들의 뼈,
바짝 마른 단어들의 뜨거운 탄식을 버려두고
죄의식 없이 떠나버린 시인의 행방
모래바람에 흔적이 없다

시가 해체되고
분골의 유언들이 휩쓸려
허상의 의미를 쌓고 허물길 반복하건만
오아시스가 저만치라는 착각이
먼데서 들려오는 구원의 환청에 목 메여
잊힌 의미를 함부로 불러댔다

이제, 고난과 친숙한 베르베르인*처럼
결핍에서 발견한 지혜로 척박한 일상에도
감사의 기도를 뜨거운 땅에 바치며
조급하지 않게 무지렁이의 태연한 보폭으로
자꾸만 벌어지는 인식의 사이를
목마름으로 횡단할 것이다

절망 같은 눈물을 받아 마시며
싹이 트고 불안한 뿌리를 내려 자리한
엉성한 시의 그늘에서
기력을 회복하는 간절한 집념으로
불모지의 가슴을 뜨거운 발바닥으로 건너
철학의 체험을 기록할 것이다

시詩의 아비

못난 자식 밖에서 얻어맞고 왔다

어눌하고 소심한 탓에
비아냥거림에 대거리 한번 못하고
일방적인 매타작을 고스란히 받아들인 흔적
차마 울지도 못했을 것이다

어쩌랴
기를 쓰며 대들어도 그만큼이 제 능력인 걸
그러면서 인생을 배우는 거라는 쓰라린 위로에
못난 자식이 끙끙거리며 잠든 사이
어루만지는 시어들
멍 자국 완연한 행간마다 수북한 지우개밥
자존감이 너덜너덜하다

이 못난 자식은 내일이면
어정쩡하게 세상에 한발 내딛을 것이고
어디에선가 얻어터지고 올지라도
품어줘야 하는
나는, 시詩의 아비이다

창작과 비평

바깥쪽에서 들여다보는 속은 맹숭맹숭
실망스럽지만
애쓴 기색이 역역해 가능성만 치켜세우는
감질 나는 관심
손대면 부서질 만큼 조잡스럽다

비루한 문장으로
교활하게 덧붙인 진부한 서술
말랑말랑해서 터지기 쉬운 울음보에는
자기도취의 민망함이 가득해
자존심 또한 잔망스럽다

생혈이 뚝뚝 떨어지는 비평에 얼룩질까봐
멀찌감치 거릴 두는 몸에 밴 습관
빌려다 쓴 것들이
염치를 쿡쿡 찔러댈 때
할 수 있는 건 모르쇠뿐이다

의미意味

본디, 무게가 없건만
제 멋대로 실어놓고서는
무겁다고
가볍다고
다툴 이유를 만들었다

본디, 깊이가 없건만
제멋대로 빠트려놓고서는
깊다고
얕다고
조롱할 이유를 만들었다

비방의 눈초리에서 벗어나
입 닫았던 이유가
화석이 되어서라도
고뇌했던
처음 그대로 발견되고 싶었다

외곡의 잘난 체가
떠벌리며
씻은 발이라 우기던 시커먼 발

그게 뭣이라고

친해지려 할수록 더 외로워졌다
다가갈수록 더 멀어지는 까닭을 밝힐 수 없어
제 눈물만 핥았다
쓸데없이 어렵고 장황한 문장 앞에서
난독難讀으로 서성거렸다
잎 순 여린 감성들을 여유롭게 뜯어먹으며
적당하게 살 올랐던 순한 문장들이
날카로운 이빨에 쫒기다 생을 접곤 했다
표적이 되지 않으려 눈치껏 친밀한 동지가 되어
서로를 흉내 내며 닮아갔다
내가 찾아내야만 했던 의미들을 선점해버린
시인들의 예리한 눈초리에 의기소침해
아무도 궁금해 하지 않는 시詩가
자기 넋두리에 취해 정체불명이 돼가고 있다
자신조차 설득하지 못하는
그까짓
그게 뭣이라고...

어둠을 서술하다

검은 의혹에 머리채 끌고 오는 정체불명의 구둣발소리
수형번호가 불리는 점호가 시작되었다
결별의 날카로운 손톱 밑에 자학의 혈흔을 지워도
깊이 스며든 적의는 감출수가 없다
고음으로 호출하는 이름에 누가 먼저 다녀갔는지
물어뜯었던 이빨자국이 선명하게 남았다
금속성의 단호함으로 소멸을 긋는 차가운 한 획
어른거리던 잔영마저 베고서
검증의 차디찬 여백에 널브러진 분절의 아우성을 수습한다
아무런 감흥 없이 소실점에서 당기는 활시위
느슨한 사유가 다시 팽팽해지고 허무의 적요가 팽창한다
목록에서 지워져 최초의 단서에서 유추하는 뼈아픈 반성이
눈물을 꿰뚫어 무중력을 해체한다
꽉 다문 입술에서 간간이 피었다 지는 과거
폭발로 분열된 황홀한 실체가
무의식의 블랙홀로 아주 더디게 빨려 들어가고
남은 건 빅뱅 이전, 소심한 점 하나!
확장되는 어두운 침묵 속에서 새롭게 태양을 품는다.

들꽃처럼

- 임종성 박사님을 추모하다

보란 듯 피지 않았으나
누구에게나 공평하게 나눠주던 향기
욕심 없는 마음은
머문 자리 탓하지 않았다

단출하지만 주눅 들지 않는
오롯한 자긍
매순간이 축복인 듯
감사할 줄 아는 넉넉한 심성이
겸손으로 온유하다

부침 많은 세상사에도
천진스러운 미소
외로움 속에서 길던 눈물로 씻긴
시인의 맑은 영혼이
참따랗게 무시로 피고 지는가

임종성 박사께서 실천으로 보여주던
지순한 사랑
순수의 계보를 잇기 위해
척박한 땅에 스스로 거름이 되었다

손 안에 세상

지구 반대편의 표정이 건너와
실시간으로 서로의 안녕을 염탐했다
정보의 홍수 속에서
검증되지 않은 궁금증이 공유되고
재생산 된 추종의 확신이
오류의 위험을 눈 감아 버렸다
신神은 SNS 영상을 통해서 계시를 일삼고
폭력은 게임처럼 중계되었다
이라크에서 폭탄이 터지는 순간
안락한 거실 TV에서 파편이 튀는 비현실성이
남의 고통에 둔감하게 만들었다
관음觀淫이 성행하는 도시 곳곳을 누비던
탐욕의 추적으로 인해
어디에도 없었던 안전지대
잘 보이려는 가식적인 몸짓만이 어슬렁어슬렁
금방 싫증나 떠나는
호기심의 뒤꽁무니를 쫓아보지만
부처님 손바닥 같은 SNS
나만 아니면 되는 몰염치가 난무하는
손 안에 세상

생각의 등급

특별함을 암시하는 문장들로
자기들끼리만 인정하는 우월함을 거래하고
정체 야릇한 권위를 신성시하며
쓸모없이 까다로워지고 거만해졌다

천박한 문장들이
보통의 눈높이에서 넌출지는 사이
고고한 높이에서 읊조리는 꿍꿍이는
갈피를 잃는다

상상의 날개에 매단 금박의 추
본질을 풀이하는 낙서로 가득한 담장밖엔
하찮은 문장들이 달콤하게 피어나
벌, 나비 부산하게 오가는 걸
아는지 모르는지

거룩한 사명

시의 뼈대가 유연하다 못해 뼈마디가 뒤엉키니
이 기막힌 경지는 얼마의 수련을 요하는가?

예측불가의 두서없는 행간에서 방언이 마구 터지고
굽어보는 우월의 시선이 턱 버텨 내부를 들여다 볼 엄두도
못 내니
제사장의 축문처럼 누구도 해독해서는 안 되는 신성함으로
우러러보는 높이에서 무지렁이들의 생각들을 경멸했다

유통되지 않아 채무로 쌓인 지식의 허울을 감추는 교묘한
암호의 집합
맹신을 뛰어넘은 광신의 언어적 유희로 자급하는 만족으로
독자는 안중에 없고 필자만 기세등등하니
사랑과 믿음을 잃어버린 종교와 무에 다를까?

슬쩍 읽어봐도 속이 훤히 보이면 좋으련만
한참 들여다봐도 오리무중인지라 떠나는 관심 붙잡지도 못
하는
고상한 자존심이 폐지로 던져져 알량한 책임을 벗는다.

푸른 달을 따던 아이들

달그림자 미루나무 숲에 어른거리면
어둠의 가장자리에 별빛 은밀하게 돋을 시간
눈 똥그란 부스럭거림은
왕숙천 물소리로 흘려보냈지

들키지 않으려는 최고조의 긴장 끝에
푸른 달덩이 한아름 안으면
목덜미를 잡아챌 것 같은 두려움에
줄행랑치는 뒤를 바짝 쫓던 고함소리였지

스릴의 짜릿함에
한번쯤 가담했던 수박서리의 개구진 경험
걸려도 꿀밤 몇 대로 끝났던
달처럼 둥글게 이웃하던 시절이었지

악의 없던 무용담 달큰하게 익으면
철부지 옛이야기로
정인이, 종필이, 복현이, 윤석이, 이만이, 원학이 두 팔에
푸른 달 두둥실 떠올라 안길거야.

시인 Y와 막걸리의 상관관계

그의 시에서는 텁텁한 막걸리 냄새가 났다

고두밥처럼 고슬고슬한 시어들이 어우러져 발효되기까진
그의 내부에선 치열한 다툼이 있었으리라

손가락 걸 약속조차 없는 궁색함이 맛보기를 자처하여
처지의 초라함을 취중에 흘리기도 하면서
행간을 휘휘 젓는 그의 새끼손가락은 늘 술에 절어 있다

허전함을 채우기 위해 쓰는 시는
고파서 마시는 막걸리와 은연중 닮았다

잠시 그만의 영역에서 누리는 포만과 자존감
유일하게 자신의 가난에 정직해지는 순간이기도 하다

심연에 시들었던 감성들이 촉촉이 젖어 되살아나고
표면에서 주춤거리던 표정은 풍부해진다

비워진 막걸리 잔의 주둥이를 핥는 행위는
마른 젖을 빠는 애처로운 갈증이어서 퇴폐적이지 않다

신新 사평역에서

톱밥난로에 원고지 뭉치를 태운 시인이
목마를 타고 떠난 낯선 지금
핸드폰 앞에 엎드린 착한 신도들의 눈에
오로라처럼 떠오르는 액정화면
부질없는 영광이 노숙하는 대합실에선
초록빛 술병이 넘어지고
불량한 눈물이 차갑게 흐른다
암호 같은 위험한 눈빛들이 오가는 광장에선
배춧잎 같은 몇 장 증표로 종말의 편도를 거래한다
불분명한 경계에 밤은 오지 않았고
눈도 안 내렸으며 고향을 잃은 이들은
신문지 위에 누워 천정의 별자리를 찾아야 했다
악다구니 속에서도 잠은 오고
꿈속에선 '별들의 고향'이 상영되었다

인용: 곽재구의 사평역에서, 박인환의 목마와 숙녀

시네마 천국

발을 구를 때마다
가볍게 날아오르는 하늘
경탄스럽게 쳐다보는 대리만족이
사뿐히 앉는 우듬지
꿈속에서 훌쩍 키가 자라있다

故노무현 대통령과 겸상을 하는데
당신의 밥을 내 밥그릇에 덜어주셨으니
꿈에서 깨자마자
근지러운 입에 자물쇠를 걸고
로또를 샀건만 결론은 꽝이다

괴롭힘을 당하는 여학생을 위해
10 대 1로 싸웠다
정의로운 주먹 한방에
볼링 핀처럼 쓰러지는 불량배들
꿈에서 깨니 온몸이 쑤신다

가게에 손님이 넘쳐
마대자루에 현금을 쓸어 담았다가
안방에 쏟아 부으니
아내의 얼굴에 피는 함박꽃
깨어보니 폰에 대출안내문구 소복 쌓였다

오늘밤엔 어떤 황당함이 상영될지
자못 궁금타

퇴고

미간眉間사이 고민의 간격이 더 좁아졌고
적바림에 둔 미결의 느낌들이 어수선하다

껍데기만 남은 의미
동의를 구하던 눈빛은 과거에 안치되고
다 헤진 가슴에
부싯돌로 일구던 감동일랑
애오라지 찰나에 기대어 흥감하다

우월한 문장들을 곁눈질하다가
무춤하는 자기검열
궁따는 눈빛 숫돌에 벼려
섬광처럼 와 박히는 한 구절이길
잠꼬대로 품었다

어설픈 행간을 떠돌다
결구結句에서 머뭇거리는 마침표
신발 벗지 못하고
가납사니 참견의 눈칫밥에 고프던 만족
쉽사리 자리를 뜨지 못한다.

선문답처럼

기록하지 않았던 절망의 시간들이
대답 구하던 아득한 기도
보이지 않는 곳에서 손 흔드는지
들리지 않는 곳에서 외치는지
넋두리로 맴돌다가
붙임성 좋았던 기억만 껴안고
서먹하게 잠드는 시각

절망의 시간마다
이별의 순간마다 찍고 싶었던
마침표(!)가
쪼그려 앉아 쉬면 쉼표(,)가 되어
다시 살아갈 이유 생각하게 한다는 걸
귀띔하는 바람
선문답처럼 뜬금없다

엄마의 우산

하굣길 급작스런 소나기에
엄마의 마중 나온 우산 꽃이 피었었지

명복이는 비만 오면
늙어 보이는 엄마가 우산 들고 올까봐
부끄러움으로 빗속을 달렸었지
이젠 비 오는 날마다 아련히 젖는
아픈 그리움 될 줄도 모르고

정애는 우산보다 엄마가 반가워
치맛자락에 매달려 퐁당퐁당 걸었었지
안심되는 품 안
50여년 지나 엄마 대신 우산 펼치면
눈물에 먼저 젖곤 하지

정하는 엄마가 올 수 없는 걸 알면서도
큰 눈망울에 기다림을 담았었지
채송화 같은 얼굴에 그렁그렁한 눈물을
씩씩하게 훔쳐내던 손등에
엄마의 미안함이 쭈글쭈글 새겨졌지

꼬맹이들이 엄마랑 조잘대며 떠난 뒤
정하, 재숙이, 정애, 경자, 정인이, 영숙이, 영희 등등
쭈뼛거리던 친구들
맨몸으로 빗속을 내달리던 멋쩍은 서운함이
운동장에 참새 발자국처럼 찍혔었지

비 오는 날
우산 속으로 뛰어드는 추억과 더불어
퇴계원 초등학교 7회 동창들아
잘박잘박 걸어보지 않으련?

이런 젠장

눈은 파먹고
입은 삶아먹고
코는 베어 먹고
귀는 뜯어 먹고
지문은 뭉개버리고 훈수 끝!

얄팍한 이력으로
만만해 보이는 글의 허리는 분지르고
비평으로 길들여
난해한 암호를 주고받으며
다지는 영토

팔 다리만 멀쩡해서
여기저기 쫓아다니며
수시로 해대는 거만한 삿대질
혹시
당신이 아니오?
어쩌면 나?

원동역 애상愛想

낙동강 쪽으로 꽃등 내걸었던
비탈길 매화들
춘정에 겨운 마음들 불러들여
물굽이 따라 허리 수줍게 비틀었던
철로의 완만한 곡선 끝
산모롱이에 숨었던 원동역이 멋쩍다

완행열차가 멈춰서면
강물도 잠시 숨 고르고
천태산은 멀찍이서 손짓을 했다

봄의 풋정이
딸기처럼 빨갛게 익어 한창일 때
마지막 열차를 놓친 우연이
첫사랑의 서툰 밤을 품어준다면
딸기향 나는 꽃바람에
추억 저편
꽃잎 벙그러진다.

시인의 밥상

예전엔

.

.

밥그릇을 싹싹 비워내는 먹성으로
남새밭 거름 걱정 없이
시어詩語들이 쑥쑥 자라나는 걸
자랑스러워하고
체신머리조차 소화시키는 허기로
궁색한 밥상에도
금방 만족해하던 아랫배의 불룩함에
영양가도 없이 뿌듯해했었지

요즘은

.

.

제법 기름진 밥상 앞에서
시늉뿐인 젓가락질로
편식의 습관을 깨적거리지만

흘린 밥알만큼의 영양제가 대신하는
거만한 식탁에서
식욕 없이 홀로 앉아있자니
시詩의 밥그릇에 고봉으로 쌓아 올리던
배고픔이 그립다

제5부

향기의 언어

꽃무릇

정수리에 찍은 화인火印
선홍의 넋두리가 몽실합니다

무수한 "따옴표"에 갇혀 흥건히 젖다가
눈물 가장자리에서 굴절되어
속눈썹에 매달린
눈빛뿐인 뜨거운 고백으로
난만히 어우러지니
품을 수 없는 정념만 분분합니다

순수를 탐하여
손닿을 수 없는 곳에 안치된 정념
파계破戒의 두려움이
바닥으로부터 받드는 허공의 누樓입니다

고고한 단절의 직립에서
생혈의 당혹감이 파르르 떨리는 촉수마다
응고된 검붉은 적요
돌아가는 길이 천천히 무너집니다.

파 꽃

매운 삶을 지탱하는 모성애 우뚝하니
가냘픈 모가지에 무겁게 인
터질 듯 싸 맨 가난한 보자기에서
얼핏 보이는
자식의 내일이 되어줄 씨앗 한 움큼
밟히면 요란하게 터져버릴
허전한 마음에서 팽창했던 설움도
모질게 버텨냈으리라
허연 쌀자루 뜯어 서둘러 짓는 밥
당장은
고봉밥 한 그릇으로도 흐뭇하다

찻잔에 핀 감국甘菊

감국, 다붓다붓 피어
시울마다 벙그러지는 살가움

슬그머니 놓아버린 향기 깜북 맴돌아
빗장 열었던 마음에서
새실거리다가
덜커덕 봉인되어버린 호시절

철없던 시간들이 영근 봉오리에서
나붓거리는 해맑음을 따 말려뒀다가
머금어 보는 단순한 행복
언제든 불러내는 향긋한 여유로
맛보는 평안이 사늑하다

꽃잠 들었다가 생시인 듯
여민 가슴에 봉긋하던 순정으로
메마른 입술 적셔주는 따뜻한 마중하면
처음의 향긋한 기억 구순하여
새삼스레 피는 꽃잎들아
꽃 핀 까닭이
마음에서 안다미로 말갛게 우러난다.

꽃다지

솜털도 못 벗은 쪼끄만 것들
한뎃바람에 곱은 손으로 별 매단다고
올망졸망 붙어 앉아 안간힘이다

이름마저 하찮은 코딱지나물인 것이
시린 발 동동거리며
봄바람과 천진난만하게 장난치노라면
꽃 족두리에 반짝이는 노란별
깜찍하고 앙증스럽다

면박 주는 소소리바람 쌀쌀해도
붙임성 좋은 넙죽거림으로
관심 밖에서 불러들이는 살뜰한 정
냉정한 세상에 바로서기 위한
이 작은 것들의 수고가 기특하다

기를 써도
벗어날 수 없는 가난한 계절에
무관심쯤은 별 거 아니고

뿌리 내려 견디는 것이 우선이라며
설렘으로 꽃대 세우려는 억척이
희망의 전부이다

구절초가 애틋한 까닭

연애도 못하는가했더니
버석거리는 얼굴에 분도 바르고
너울가지로 하늘거렸다
아무렇게 입어도
천박하지 않은 맵시로 다소곳한
곁눈질의 보살핌에
가을볕도 슬며시 비껴 앉았다
버석거리는 시간 속에서
살아온 이유가 이것인 듯 정다우니
첫사랑의 체취보다 은근해서
더 오래 안아줘야만 하는 향기
풍파의 사연을 녹여
활짝 핀 구절초의 해맑은 표정이
홀어미의 때늦은 사랑처럼
온유하다
서릿발의 시집살이는 나중인지라
먼저 사랑부터 꽃피어야하리

등나무 꽃

긍정의 어디쯤에선가
다정을 빌미로 능청스럽게 내미는 손
굽고 뒤틀린 곡선마다 넌출지는
송아리들의 보랏빛 안색이 유려하다
꽃그늘에 앉아
착한 종기기가 꽃술을 흔들 때마다
맑은 종소리에 실려
널리 퍼지는 향기
삶은 부분적으로 정겹다

고목의 봄

궁색한 시절 내내
고봉으로 담던 헛배의 포만이
엊그제 같은데
나잇살 두툼한 허리 곁가지에서
흘린 밥풀떼기인 양 핀
이팝나무 꽃
손자의 재롱처럼
허리춤에 대롱대롱 매달려
낮잠뿐인 심심한 인생 위로하듯
봄바람에 살랑거렸다

백발이 성성한 봄
검버섯도
연민처럼 폈다

찔레꽃으로 핀 소망

삶의 고단함에도
바람으로 담았던 가없는 믿음
지겹던 가난 속에서
철부지 동생의 투정을 어르던
살뜰한 보살핌이
선한 눈빛으로 피었습니다

따끔거리는 잔소리의 사랑과
젖은 눈빛의 응원이
느린 행복의 순서를 기다리며
기도의 거룩함으로 가꾸던
순박한 소망
찔레꽃으로 다소곳이 피었습니다

누이의 기도가
서툰 삶을 인도하는 잠언으로
어두운 귀를 씻으니
찔레꽃 면류관의 긍휼로
단아하게 꽃 핀 누이여
은혜로운 향기 마냥 누리소서

꽃비로 떠나다

착지의 불안함에 주저하던 꽃잎 하나의 무게를
바람이 허용합니다

사랑으로 머물렀던 순간을 훌훌 털어내는
가벼움에 몸 싣다가 간혹 곤두박질하기도 하지요

헤실헤실 헤프다가 거둬들이는 웃음엔
서운한 눈치 가득해서
뒤도 안돌아보는 결연함이랍니다.

뜨겁게 껴안았던 약속이 차츰 배불러오는 건
그다음의 일인지라
지금은 절정의 몽롱함을 털어내는 중입니다

바라는 바
푸르른 눈빛 배웅 나와
초록우산 슬며시 쥐어주는 것
그뿐입니다

목련 앞에서 문득

배깃이 열린 앞섶
얼핏 내보인 뽀얀 속살 어쩔 줄 모르다가
사린 제 몸 여는 민감한 세포
농밀한 몸짓이 분방하다

원초적 부름에 격정적으로 응답하기까지
혼자 뜨겁게 돌아눕던 시간은
원죄原罪 속에 묻어두고
허무의 경계에서 계율을 허물 벗는다

깨고 나면 거짓말 같은 현란한 순간
아득한 나락에서 황홀한 찰나를 수습하다가
다시금 부둥켜안는 재회의 약속
무의식에 둔 솔직한 설렘이 낯익다

빛의 눈금을 읽다

착한 눈빛이 다가와
오랜 망설임의 표정을 읽었다

잠꼬대 같은 수런거림이
닫힌 시간 틈에서 새어나오고
교태의 눈빛 빗살무늬로
은밀히 다녀간 뒤론
팔랑거리는 귀에 봄바람 스칠 때마다
의뭉스러운 소문이 몽글몽글하다

익숙함의 보호막을 찢는
쓰라린 처음!
애틋한 눈빛으로 다가서는
탱탱하게 부푸는 내일이
열악했던 기억을
빛의 눈금에서 지울 것이다

창 밖
목련의 꽃망울이 통통하다

수선화 답장

떠나온 것만
떠나보낸 것만
그리움 되는 줄 알았는데
온종일 시린 마음 덥혀주는
당신이 있었습니다.

나조차도 들여다보지 못하는
내 마음의 귀퉁이에
허름한 집 짓고 사는 보고픔
눈물 솟는 날에만
오래도록
방문을 열어둡니다

나만 아는 언어로
장문의 시를 써서 고백했더니
마음의 뜰에
수선화 한 송이
그리운 이의 전갈인 듯
살포시 피었습니다.

동백

흰 옷자락에 찍힌 선홍빛깔
분방한 애정 행각이 있었음이 확실하다

유혹당하길 은근 바라는 정숙한 도발
입술만 붉다

몸 뒤집을 때마다 떨어지는 농염

흐느낌을 채집하는 능숙한 관찰자는 매번
등 뒤에 애매하게 웃었다

결핍의 간절함을 모르는
하염없는 사랑의 잉여가 나뒹군다.

더 예리한 각도로 깎인 봄바람이
동백의 모가지를 톡톡 분질렀다

아기똥풀꽃

엄마의 사랑 달게 먹고
잘 소화시켰다는
저 예쁜 짓

발록거리며 싼
아기의 첫 응가가 신기해서
앙증맞게
냄새 향기롭게
엄마의 눈에도 노란 꽃이 폈다

먹고 싸는 일이
얼마나 중요하고 신성한지를
배운 게 기특해
배고픈 칭얼거림에 젖 물리니
봄볕에 나비잠 어른어른

아기똥풀꽃
살포시 아기 요람 흔드는
간들바람이 곰살갑다

제3회 사하 모래톱 문학상 전국 공모전 대상(운문) 심사평

사하 모래톱 문학상은 문학성, 창의성, 지역 부각성을 주요 채점 기준으로 심사가 이뤄졌다.

올해는 산문에 88점, 운문 부분에 566점이 응모하여 지난해에 크게 늘어났으며, 사하구를 포함 부산뿐 아니라 서울, 제주, 경주, 대전 등 전국에서 접수가 이뤄졌다.

특히 작품 수가 늘어나고 다양해지면서 소재 선택에 대한 안목과 성찰이 높아진 것은 물론 섬세하고 참신한 표현력으로 심사위원들이 수상작 8점을 선정하는데 애로를 겪었다

[중략]

운문부문 대상작인 '모래톱에서 정착을 꿈꾸다'는 동적으로 생성되고 있는 낙동강 하구의 모래톱을 어느 누구에게 귀속될 수 없는 무소유의 터전으로 보는 예리한 시각으로 수상의 영예를 문영길씨가 안았다.

(부산=국제뉴스)에서 발췌

한국청옥문학상 대상 심사평

문영길 시인의 시에는 언어의 절제와 탄력을 잘 살려낸 작품들이 많다. 언어가 자의적 음성기호라는 것을 잘 알고 있기 때문이다.

그의 시는 우리의 언어행위가 대부분 반성 없이 개념화하는 바로 그것이고, 그런 개념화는 열린 세계와는 대응할 수 없는 것이라는 자각에서 출발한다.

그래서 그의 시는 낯설고 간결하며, 선명한 언어와 이미지와 구체적 경험들이 서정을 빚어 아스라이 읽는 이에게와 닿는다.

그런 시법을 극단으로 몰고 가면 초의미의 시가 될 것이다.

현대시에서의 무의미 시는 바로 그런 시작법의 시들이다. 그런 의미에서 문영길 시인의 시는 매우 주목할 만하다 하겠다.

상찬할 만한 시인이다.

심사위원장 / 최영구 (문학박사. 현 부산문인협회 회장)

천성문학상 대상 심사평

문영길의 작품 '회귀回歸', '독거獨居'에서는 단독성과 사유의 깊이를 엿볼 수 있다. 이점이 대상 선정의 이유가 되었다. 시는 일방성이 아닌 단독성이 존재해야 한다. 시의 단독성이란 글자 그대로 '무엇과도 바꿀 수 없는 자기만의 고유한 표현'을 말한다. 이것이 질 들뢰즈가 주장한 단독성(singularity) 개념이다.

문학이란 사유하는 것이고 사유하지 않으면 어떤 문학도 탄생할 수 없으며 존재할 수도 없다.

문학과 예술에 철학이 깃들어 있지 않으면 깊이가 없다. 시는 묘사다, 묘사는 설명을 배제하고 대상의 지배적 인상을 구체적으로 감각적으로 표현하는 것이다. 다시 말해 자기의 감정 세계의 재료를 감각적으로 형상화하는 것이다.

[중략]

기억 저편에서 수신된 노동의 시간들이/ 연금통장에 의문부호로 찍힐 때/ 폐품처럼 수거되어/ 쓸쓸한 좁은 방에 갇히기 위해서/ 초라한 등짝은/ 아무렇게나 구겨져야 했다/,,,

위의 표현처럼 문영길 시인의 시 작품은 전반적으로 관념어를 형상화 시키는데 성공했다 할 수 있다.

심사위원장 / 김찬식 (현 부산문인협회 부회장)

문영길 세 번째 시집
적바림에 둔 눈물

인쇄일: 2019년 11월 1일
발행일: 2019년 11월 5일

지은이: 문영길
펴낸이: 최경식
펴낸곳: 도서출판 청옥문학사
인쇄처: 세종문화사

등록번호 제10-11-05호
E-mail: sik620@hanmail.net
전화: 051-517-6068

값 10,000원

ISBN 978-89-97805-87-7 03810

이 도서의 국립중앙도서관 출판예정도서목록(cip)은 서지정보유통지원시스템 홈페이지(http://seoji.nl.go.kr)와 국가자료공동목록시스템(http://www.nl.go.kr/kolisnet)에서 이용하실 수 있습니다.(cip2019042151)

* 본 도서는 2019년 부산광역시, 부산문화재단 지역문화예술특성화지원사업으로 지원을 받았습니다.